AF321190

LOI

SUR

LA MARINE MARCHANDE

du 29 Janvier 1881

DÉCRET

PORTANT RÈGLEMENT D'ADMINISTRATION PUBLIQUE

POUR L'APPLICATION DE LA LOI

du 29 Janvier 1881

SUR

LA MARINE MARCHANDE

CIRCULAIRE MINISTÉRIELLE

du 26 Août 1881

LOI du 14 juin 1854

Fixant les limites des Navigations au Long-cours et au Cabotage

PARIS

R. HAUSERMANN, Succr de Robiquet

LIBRAIRIE HYDROGRAPHIQUE

11, rue de Cluny, 11

1881

L O I

SUR LA MARINE MARCHANDE

(du 29 Janvier 1881)

LE SÉNAT ET LA CHAMBRE DES DÉPUTÉS ont adopté;

LE PRÉSIDENT DE LA RÉPUBLIQUE promulgue la loi dont la teneur suit :

ARTICLE PREMIER.

La franchise du pilotage est accordée à tous les navires à voiles ne jaugeant pas plus de quatre-vingts tonneaux et aux navires à vapeur dont le tonnage ne dépasse pas cent tonneaux, lorsqu'ils font habituellement la navigation de port en port et qu'ils pratiquent l'embouchure des rivières.

Toutefois, sur la demande des Chambres de Commerce et après une instruction faite dans les formes ordinaires, des règlements d'administration publique détermineront les améliorations qu'il y aurait lieu d'apporter aux règlements actuels dans l'intérêt de la navigation.

ART. 2.

Pour les navires au long cours, la visite prescrite par l'article 225 du Code de Commerce, pour un chargement nouveau pris en France, ne sera obligatoire que s'il s'est écoulé plus de six mois depuis la dernière visite, à moins toutefois qu'ils n'aient subi des avaries.

ART. 3.

Les actes ou procès-verbaux constatant les mutations de propriété des navires, soit totales, soit partielles, ne seront passibles à l'enregistrement que du droit fixe de trois francs.

L'article 5, nº 2, de la loi du 28 février 1872, est abrogé en ce qu'il a de contraire à la présente disposition.

ART. 4.

En compensation des charges que le tarif des douanes impose aux constructeurs de bâtiments de mer, il leur est attribué les allocations suivantes :

Pour les navires en fer ou en acier	60 fr.	par tonneau
Pour les navires en bois de 200 tonneaux ou plus	20	de
Pour les navires en bois de moins de 200 tonneaux	10	jauge brute.
Pour les navires mixtes	40	

Pour les machines motrices placées à bord des navires à vapeur et pour les appareils auxiliaires, tels que pompes à vapeur, servo-moteurs, treuils, ventilateurs, mus mécaniquement, ainsi que pour les chaudières qui les alimentent, et leur tuyautage, 12 francs par 100 kilogrammes.

Sont considérés comme navires mixtes les navires bordés en bois, dont la membrure et le barrotage sont entièrement en fer ou en acier.

Art. 5.

Toute transformation d'un navire ayant pour résultat d'en accroître la jauge donne droit à une prime calculée conformément au tarif ci-dessus, d'après le nombre de tonneaux d'augmentation de la jauge.

La prime est accordée pour les machines motrices et les appareils auxiliaires mis en place après l'achèvement du navire.

Lors des changements de chaudières, il est alloué au propriétaire du navire une compensation de 8 francs pour 100 kilogrammes de chaudières neuves, pesées sans les tubes et de construction française.

Art. 6.

Les allocations déterminées par les articles 4 et 5 sont payées après la délivrance de l'acte de francisation, par les soins du Receveur des Douanes du lieu de construction le plus rapproché.

Art. 7.

Est supprimé le régime d'admission en franchise institué en exécution de l'article 1er de la loi du 19 mai 1866 et de l'article 2 de la loi du 17 mars 1879.

Art. 8.

A l'égard des navires en chantier au moment de l'entrée en vigueur de la présente loi, les constructeurs ne recevront les allocations stipulées par l'article 4 que sous déduction du montant des droits de douane déterminés par le tarif conventionnel relativement aux matières étrangères dont ils auraient obtenu l'admission en franchise pour la construction de ces navires.

Art. 9.

A titre de compensation des charges imposées à la marine marchande pour le recrutement et le service de la marine militaire, il est accordé, pour une période de dix années, à partir de la promulgation de la présente loi, une prime de navigation aux navires français à voiles et à vapeur.

Cette prime s'applique exclusivement à la navigation au long cours.

Elle est fixée, par tonneau de jauge nette et par 1,000 milles parcourus, à 1 fr. 50 pour les navires de construction française sortant de chantier, et décroît par année de :

0 fr. 075 pour les navires en bois ;
0 fr. 075 pour les navires composites ;
0 fr. 05 pour les navires en fer.

La prime est réduite à moitié de celle déterminée ci-dessus pour les navires de construction étrangère.

Les navires francisés avant la promulgation de la présente loi sont assimilés, pour la prime, aux navires de construction française.

La prime est augmentée de 15 p. 0/0 pour les navires à vapeur construits sur des plans préalablement approuvés par le Département de la marine.

Le nombre des milles parcourus est calculé d'après la distance comprise entre les points de départ et d'arrivée, mesurée sur la ligne directe maritime.

En cas de guerre, les navires de commerce peuvent être réquisitionnés par l'État.

Sont exceptés de la prime les navires affectés à la grande et à la petite pêche, aux lignes subventionnées et à la navigation de plaisance.

Art. 10.

Tout capitaine de navire recevant l'une des primes fixées par l'article 9 de la présente loi sera tenu de transporter gratuitement les objets de correspondance qui lui seront confiés par l'Administration des Postes, ou qu'il aura à remettre à cette Administration, en vertu des prescriptions de l'arrêté des Consuls du 19 germinal an X.

Si un agent des Postes est délégué pour accompagner les dépêches, il sera également transporté gratuitement.

Art. 11.

Un règlement d'administration publique, contenant notamment un état des distances de port à port, déterminera le mode d'application de la présente loi.

La présente loi, délibérée et adoptée par le Sénat et par la Chambre des Députés, sera exécutée comme loi de l'État.

Fait à Paris, le 29 janvier 1881.

Signé : Jules GRÉVY.

Par le Président de la République :

Le Ministre de l'Agriculture et du Commerce,
Signé : P. TIRARD.

Le Ministre de la Marine et des Colonies
Signé : G. CLOUÉ.

Le Ministre des Finances,
Signé : J. MAGNIN.

DÉCRET

portant règlement d'administration publique
pour l'application de la loi du 29 janvier 1881
SUR LA MARINE MARCHANDE
(du 17 Août 1881)

LE PRÉSIDENT DE LA RÉPUBLIQUE FRANÇAISE,

Sur le rapport des Ministres de la Marine et des Colonies, de l'Agriculture et du Commerce, des Finances, des Postes et des Télégraphes;

Vu la loi du 29 janvier 1881 sur la marine marchan;

Vu l'arrêté des consuls du 19 germinal an X;

Vu le décret du 24 mai 1873;

Le Conseil d'État entendu,

DÉCRÈTE :

TITRE Ier.

PRIME A LA CONTRUCTION

ART. 1er. — Pour l'allocation des primes à la construction et des primes à la navigation, le tonneau de jauge est déterminé d'après les dispositions du décret du 24 mai 1873. La jauge brute est et demeure fixée conformément aux articles 1er à 12 de ce décret, sans déduction de l'espace occupé p ar l'équipage, la jauge nette conformément aux articles 14 à 20.

Art. 2.— Au moment de la francisation du navire, le tonnage brut est certifié par le receveur des douanes du port de construction. Le certificat délivré par ce receveur constate que le navire est de construction française, et qu'il a été justifié par la déclaration des constructeurs des machines et chaudières qu'elles sont également de fabrication française ; il indique, en outre, la catégorie à laquelle le navire appartient, et, s'il s'agit d'un navire à vapeur, le poids des machines motrices, des appareils auxiliaires, des chaudières et de leur tuyautage, sans rechanges. Ce certificat, visé par le Directeur Général des douanes, après contrôle des résultats du jaugeage, sert de base pour la liquidation de la prime à la construction.

Les accroissements de jauge brute et le renouvellement des appareils moteurs et des chaudières sont constatés dans la même forme par le receveur des douanes du port de réparation

TITRE II.

ÉVALUATION DES DISTANCES DE PORT A PORT.

Art. 3. — Les primes de navigation sont calculées d'après les distances indiquées par le tableau annexé au présent décret.

Art. 4. — Pour les traversées non inscrites sur ce tableau, les distances sont fixées par des décrets rendus sur le rapport du Ministre de la marine, après avis de la section de la marine du Conseil d'État.

Art. 5. — Le tableau des distances est imprimé par les soins du Département de la marine, qui publie également, chaque année, les additions à faire à ce tableau.

TITRE III.

PRIME A LA NAVIGATION.

Art.6 .— La prime à la navigation est liquidée d'après la jauge nette inscrite dans l'acte de francisation.

ART 7. — Il n'est dû aucune prime aux navires admis seulement à la francisation coloniale ; mais ceux de ces navires qui ont été construits soit en France, soit dans les colonies ou possessions françaises, ont droit à la prime intégrale de navigation s'ils sont ultérieurement attachés à un port métropolitain.

ART 8. — Les navires construits en France et non francisés à la date de la promulgation de la loi du 29 janvier 1881, dont les machines ou chaudières proviennent de l'étranger, n'ont droit qu'à la demi-prime de navigation.

Il en sera de même pour les navires francisés antérieurement à cette date qui recevront ultérieurement des machines ou chaudières de fabrication étrangère.

ART 9. — La date de la sortie du chantier pour les navires construits en France est celle du premier brevet de francisation.

Pour les navires construits à l'étranger, cette date est déterminée au moyen des actes antérieurs de nationalité, et, à défaut d'indications portées sur ces actes, par un certificat du consul de France du lieu de la construction constatant la date de la mise à l'eau.

A l'avenir, la date de la sortie du chantier sera mentionnée dans l'acte de francisation ; pour les navires déjà francisés, elle sera certifiée, en marge de l'acte de francisation, par le Receveur des douanes du port d'attache.

ART 10. — Quelles que soient les transformations ou les augmentations de jauge d'un navire, son âge reste déterminé par la date primitive de sa sortie du chantier.

ART 11. — Tout armateur qui veut bénéficier de la prime de navigation est tenu, à chaque départ de France, de remettre, en trois expéditions, dont une sur papier timbré, au Commissaire de l'inscription maritime du port d'armement, une déclaration énonçant :

1° Son nom et son domicile ;
2° Le nom et l'espèce du navire ;
3° Le lieu et la nature de la construction (bois, fer ou composite) ;
4° L'origine des machines et des chaudières ;
5° Le lieu et la date de la francisation ;
6° S'il s'agit d'un navire construit à l'étranger, la date de la mise à l'eau ;
7° La jauge nette ;
8° Le port d'attache de la douane et celui d'immatriculation ;
9° Les nom, prénoms et quartier d'inscription du capitaine ;
10° La composition de l'équipage.

La conformité de la déclaration avec l'acte de francisation et avec le titre d'origine des machines et des chaudières est certifiée par le receveur des douanes.

ART 12. — Cette déclaration est transcrite par le Commissaire de l'inscription maritime sur un registre à souche fourni par l'armateur et conforme au modèle arrêté par le Ministre de la marine. Ce registre, dit registre des traversées, reste à bord du navire et sert à l'inscription des divers voyages qu'il effectue.

La déclaration est visée par le Commissaire de l'inscription maritime; l'exemplaire timbré est remis à l'armateur, le second exemplaire est envoyé au Ministre de la marine, le troisième est conservé dans les bureaux de l'inscription maritime.

Art 13. — Au moment de son expédition, le capitaine fait consigner sur le registre des traversées, par le Commissaire de l'inscription maritime, la date du départ, la destination du navire et les points d'escale intermédiaires.

Dans les vingt-quatre heures de son arrivée dans un port ou sur un point de relâche quelconque, le capitaine présente son registre des traversées, soit au Commissaire de l'inscription maritime, en France, dans les colonies ou possessions françaises, soit au consul de France, à l'étranger.

Ce fonctionnaire, après avoir reconnu l'identité du navire par l'examen des papiers de bord, inscrit sur le registre la date de l'arrivée et dresse trois extraits constatant le voyage qui vient d'être terminé.

L'un des extraits est remis au capitaine ; le second est envoyé au Ministre de la marine par le Commissaire de l'inscription maritime ou le consul, qui garde le troisième extrait dans ses archives.

Au moment de la réexpédition, le Commissaire ou le Consul consigne sur le registre des traversées la date du départ, la nouvelle destination ou la nouvelle escale du navire et la composition de l'équipage.

En cas de réparations effectuées en pays étranger, le Consul de France consigne aussi sur le registre la nature et le montant de ces réparations

Art. 14. — Si le navire arrive dans un port où il ne se trouve]ni Commissaire de l'inscription maritime, ni consul de France, le capitaine se fait délivrer un certificat par le commandant du navire de guerre français présent dans le port ou, à défaut, par le magistrat du lieu. ||

Ce certificat ou, à défaut, un rapport du capitaine, affirmé sous serment par l'équipage, est remis à l'autorité maritime ou consulaire du premier port de relâche, qui en délivre au capitaine une copie certifiée et en fait mention sur le registre des traversées.

Art. 15. — La constatation du droit à la prime se fait sur la production, par l'amateur, des extraits du registre des traversées remis au capitaine.

L'armateur, après avoir fait timbrer l'extrait et légaliser par qui de droit la signature du Commissaire de l'inscription maritime ou du Consul, adresse cet extrait au Ministre de la marine, qui, après vérification, y joint un certificat constatant le montant de la prime, d'après les indications de la déclaration et celles du tableau des distances.

Au retour du navire en France, le capitaine remet le registre des traversées au Commissaire e l'inscription maritime

Art. 16. — Lorsque le voyage se prolonge au-delà de trois mois, l'armateur peut recevoir des a comptes jusqu'à concurrence des quatre cinquièmes des primes acquises. Le cinquième restant est payé en même temps que la prime du voyage de retour en France, sur la production des certificats prévus à l'article 29.

La faculté de recevoir des a comptes cesse deux ans après le départ de France du navire.

Les surprimes ne donnent pas lieu au payement d'a comptes.

Art. 17. — Si un navire est condamné pour innavigabilité ou désarmé, l'autorité constate ces faits sur le registre des traversées.

Art. 18. — Toute distance parcourue en dedans des limites fixées par la loi du 14 juin 1854 ne donne droit à la prime qu'à compter du dernier port de cabotage d'où le navire fait route définitivement pour la destination de long cours qu'il a déclarée.

De même, au retour, la prime n'est due que jusqu'au premier port situé dans les limites du cabotage où le navire fait une opération de commerce.

N'est pas considéré comme une opération de commerce le fait de relâcher dans un port pour y prendre des ordres.

Art. 19. — Le navire construit ou acheté à l'étranger, muni de papiers de bord provisoires par le consul de France, n'a droit à aucune prime pour les voyages effectués avant sa francisation définitive.

Art. 20. — Le navire qui périt corps et biens au cours d'une traversée, sans qu'on sache où il a disparu, est censé avoir accompli la moitié de la distance qui sépare le port de départ du port de destination déclaré, et a droit à une prime déterminée en conséquence.

S'il est possible de constater le point où un navire a péri, la prime est due d'après la distance parcourue jusqu'à ce point.

Art. 21. — Lorsque, en raison de la date de la construction d'un navire, la même traversée donne lieu, par application de l'article 9 de la loi, à l'allocation de primes à la navigation de quotités différentes, la distance parcourue entre le port de départ et le port d'arrivée est répartie entre les deux primes proportionnellement au nombre de jours pendant lesquels chaque prime a été acquise.

La durée de la traversée est comptée du jour du départ inclusivement au jour de l'arrivée exclusivement. Le temps employé au chargement et au déchargement n'est pas compris dans le calcul.

TITRE IV

SURPRIME AUX NAVIRES CONSTRUITS EN FRANCE D'APRÈS DES PLANS APPROUVÉS PAR LE MINISTRE DE LA MARINE

Art. 22. — Le Ministre de la Marine fixe, par un arrêté inséré au *Journal officiel*, les conditions générales auxquelles doivent satisfaire tous les navires admis à recevoir la surprime de 15 p. 0/0 prévue par l'article 9 de la loi.

Le Ministre a le droit, à tout époque, de s'assurer par des visites de ses agents de la bonne exécution des navires admis à jouir de la surprime. Il doit toujours être informé des essais et peut s'y faire représenter.

ART. 23. — Tout armateur demandant à jouir de la surprime doit adresser au Ministre de la Marine, en double expédition, les plans, à l'échelle fixée par le Ministre, des formes et des emménagements, le devis des échantillons, le devis des poids et les calculs de stabilité et de position du centre de gravité, ainsi que les plans des appareils moteurs et évaporatoires du navire qu'il se propose de faire construire.

Il en est de même pour les navires mis en chantier par les constructeurs sans destination déterminée, mais en vue de jouir de la surprime.

Un exemplaire des plans est renvoyé à l'armateur ou au constructeur, avec la réponse et les observations du Ministre de la Marine.

Lorsqu'un navire est admis à jouir de la surprime, la décision du Ministre est motivée et insérée au Bulletin officiel de la Marine.

ART. 24. — Au moment du premier armement du navire, l'armateur adresse au Ministre de la Marine les plans des formes et des emménagements du navire, en double expédition, une copie du devis des poids d'après l'exécution, ainsi qu'une copie du marché d'après lequel le navire a été construit.

Le Ministre de la marine fait procéder à la visite du navire, constater l'identité des plans d'exécution avec les plans approuvés, et délivre un certificat constatant que la condition prévue par le paragraphe 6 de l'article 9 de la loi du 29 janvier 1881 a été remplie.

TITRE V

TRANSPORTS POSTAUX

ART. 25. — Le Ministre des Postes et des Télégraphes peut, toutes les fois qu'il le juge utile, requérir l'embarquement, pour accompagner les dépêches, d'un agent des postes sur un navire bénéficiant de la prime, soit au départ de France, soit sur tout autre point du parcours. Cet agent est chargé de la réception, de la conservation et de la livraison des dépêches, valises et correspondances.

ART. 26. — L'agent des postes est traité comme les passagers de première classe, ou, à défaut d'installation pour passagers de première classe, comme les officiers du bord. Ses frais de nourriture sont remboursés conformément aux prix du tarif du navire. Il est mis à sa disposition un local fermant à clef et placé en lieu sûr et convenable pour l'entrepôt des dépêches.

L'agent des postes peut disposer d'une embarcation convenablement armée, pour l'embarquement ou le débarquement des dépêches, toutes les fois que les besoins du service public l'exigent.

ART. 27. — L'accomplissement des obligations imposées, en ce qui concerne le service postal, aux capitaines des navires recevant la prime de navigation par application de la loi du 29 janvier 1881, combinée avec l'arrêté des consuls du 19 germinal an X, est une condition du droit à la prime. A cet effet, le Ministre des Postes et des Télégraphes délivre, au retour du navire en France, un certificat constatant que le capitaine a rempli toutes les obligations qui lui sont imposées par les lois susvisées. Ce certificat est joint au dossier de liquidation du solde de la prime.

TITRE VI

PAYEMENT DES PRIMES.

ART. 28. — Les primes de construction sont liquidées sur la production des pièces ci-après :

1° Extrait timbré de l'acte de francisation, délivré par l'administration des douanes et indiquant la date et le numéro sous lesquels le navire a été francisé, ainsi que le port auquel il est attaché ;

2° Certificat du receveur des douanes du port de construction à l'effet de constater que le navire est de construction française, et qu'il a été justifié par la déclaration des constructeurs des machines et chaudières qu'elles sont également de fabrication française, ledit certificat indiquant en outre le tonnage brut, la catégorie à laquelle le navire appartient, et, s'il s'agit d'un navire à vapeur, le poids des machines motrices, des appareils auxiliaires, des chaudières et de leur tuyautage, sans rechanges.
Ce certificat constatera en outre que le navire, ne se trouvant pas dans le cas prévu à l'article 8 de la loi du 29 janvier 1881, a droit à la prime entière ; dans le cas contraire, il contiendra un décompte établi par le receveur des douanes et indiquant les droits de douane à retenir, sur le montant de la prime, pour les matières admises en franchise qui auraient été employées dans la construction du navire ;

3° Dans les cas d'accroissement de jauge brute ou de renouvellement des appareils moteurs et chaudières, certificat de l'Administration des douanes, dans la forme indiquée sous le n° 2 ci-dessus ;

4° Projet de liquidation préparé par le receveur des douanes, vérifié et visé par le Directeur général des Douanes.

Art. 29. — Les primes de navigation sont liquidées sur la production des pièces ci-après :

§ 1er. — PAYEMENTS PAR ACOMPTES

1° Exemplaire timbré de la déclaration souscrite par l'armateur en exécution de l'article 11 ci-dessus, ou certificat de référence, si cet exemplaire a déjà été produit;
2° Extraits timbrés du registre des traversées.

§ 2. — PAYEMENT FINAL OU POUR SOLDE

1° Certificat de référence aux numéros des ordonnances des payements d'acomptes;
2° Extraits timbrés du registre des traversées non encore liquidés;
3° Certificat du commissaire de l'inscription maritime du port de retour, indiquant la composition de l'équipage pendant les différentes traversées, et constatant le résultat de l'examen comparatif du rapport de mer, du journal de bord et du registre des traversées;
4° Lorsqu'il s'agit de navires à vapeur construits sur des pl ans approuvés par le département de la marine, certificat du Ministre de la marine ;
5° Certificat du Receveur des douanes constatant que le navire n'a pas cessé de figurer à l'effectif de la Marine marchande française;
6° Certificat du Ministre des Postes et des Télégraphes, établi conformément à l'article 27 ci-dessus.

§ 3. — PAYEMENT INTÉGRAL

1° Exemplaire timbré de la déclaration souscrite par l'armateur en exécution de l'article 11 ci-dessus;

2° Extraits timbrés du registre des traversées ;

3° Certificat du commissaire de l'inscription maritime du port de retour, indiquant la composition de l'équipage pendant les différentes traversées, et constatant le résultat de l'examen comparatif du rapport de mer, du journal de bord et du registre des traversées;

4° Lorsqu'il s'agit de navires à vapeur construits sur des plans approuvés par le Département de la marine, certificat du Ministre de la marine;

5° Certificat du service des douanes constatant que le navire n'a pas cessé de figurer à l'effectif de la Marine marchande française;

6° Certificat du Ministre des postes et des télégraphes, établi conformément à l'article 27 ci-dessus.
Les extraits des registres des traversées, les certificats du Ministre des Postes et des Télégra-

phès et du Receveur des Douanes sont adressés par l'armateur, les autres pièces énumérées ci-dessus, par le commissaire de l'inscription maritime, au Ministre de la marine, qui, après vérification, fait établir un projet de liquidation.

ART. 30. — Les projets de liquidation établis : pour la prime à la construction, par le Ministère des Finances ; pour la prime à la navigation, par le Ministère de la Marine ; sont adressés avec les dossiers au Ministre de l'Agriculture et du Commerce, chargé d'ordonnancer les dépenses.

ART. 31. — Les ordonnances de payement, pour les primes à la construction, sont visées payables sur la caisse du Receveur des Douanes du lieu de construction ou du Receveur le plus rapproché, par le Trésorier-Payeur général du département dans lequel se trouve située la recette des douanes.

Les ordonnances de payement sont imputées, savoir :

Pour les primes de construction, sur l'exercice de l'année de la francisation ;

Pour les primes de navigation, sur l'exercice de l'année pendant laquelle le navire est rentré en France, ou, s'il s'agit de liquidation par acompte, sur l'exercice de l'année où se termine chacune des traversées partielles.

TITRE VII

ART. 32. — Jusqu'au 1er janvier 1882, les propriétaires des navires à vapeur auxquels il aura été fait application des dispositions transitoires de l'article 20 du décret du 24 mai 1873, pourront demander que la jauge nette soit calculée conformément aux dispositions de l'article 14 du même décret.

ART. 33. — Sont considérés comme ayant été francisés antérieurement à la loi du 29 janvier 1881 les navires pour lesquels le payement des droits d'importation ou les déclarations y relatives ont été faits, savoir : en France, avant que la loi fût devenue exécutoire au bureau d'importation, et, à l'étranger, avant que la loi fût devenue exécutoire dans le port français le plus voisin.

ART. 34. — Les dispositions de l'article 21 sont applicables aux navires qui se trouvaient en mer à la date du 30 janvier 1881. La distance parcourue entre le dernier port de départ et le premier port d'arrivée sera repartie proportionnellement au nombre de jours pendant lesquels l'ancienne et la nouvelle législation auront été en vigueur, et la prime ne sera payée que pour la distance afférente à la nouvelle législation.

La même règle sera applicable pour constater au 30 janvier 1891 la part de la prime à laquelle aura droit chaque navire en cours de voyage.

Art. 35. — Au retour en France des navires de cette catégorie, ainsi que des navires qui auront effectué des traversées depuis la promulgation de la loi du 29 janvier 1881 jusqu'à la mise en vigueur du présent décret, il sera suppléé à la déclaration d'armement et au registre des traversées par une déclaration sur papier timbré que le capitaine ou l'armateur devra faire au commissaire de l'inscription maritime dans les vingt-quatre heures de l'arrivée, déclaration qui énoncera l'itinéraire suivi depuis le départ de France, ainsi que la composition de l'équipage depuis ce départ jusqu'au retour.

Cette déclaration présentera toutes les indications obligatoires d'après l'article 11 pour la déclaration d'armement. Elle sera, comme celle-ci, certifiée conforme à l'acte de francisation par le receveur des douanes. A l'appui, le capitaine devra produire le livre de bord et une expédition de son rapport de mer.

Il ne sera pas payé d'acomptes aux navires mentionnés dans le présent article.

Art. 36. — Les Ministres de la Marine et des Colonies, de l'Agriculture et du Commerce, des Finances, des Postes et des Télégraphes sont chargés de l'exécution du présent décret, qui sera inséré au *Bulletin des Lois* et au *Journal officiel*.

Fait à Mont-sous-Vaudrey, le 17 août 1881.

Signé : Jules GRÉVY.

Par le Président de la République :

Le Ministre de la Marine et des Colonies,	*Le Ministre de l'Agriculture et du Commerce,*
Signé : G. CLOUÉ.	Signé : P. TIRARD.
Le Ministre des Finances,	*Le Ministre des Postes et Télégraphes,*
Signé : J. MAGNIN	Signé : A. COCHERY

CIRCULAIRE MINISTÉRIELLE

(du 26 Août 1881)

———◆———

LE MINISTRE DE LA MARINE ET DES COLONIES, *à Messieurs les Vice-Amiraux Commandant en Chef, Préfets maritimes; Chefs du Service de la marine; Commissaires de l'inscription maritime; Gouverneurs et Commandants des colonies; Officiers généraux, supérieurs et autres commandant à la mer; Consuls généraux, Consuls et Vice-Consuls de France.*

(4ᵉ Direction : Comptabilité générale. — 2ᵉ bureau : *Dépenses d'outre-mer*

Paris, le 26 Août 1881

Notification du décret du 17 août 1881, portant règlement d'administration publique pour l'application de la loi du 29 janvier 1881, snr la marine marchande. (Primes à la construction et à la navigation.)

MESSIEURS, l'article 11 de la loi du 29 janvier 1881 sur la marine marchande (*Bull. offic, p.* 219) porte qu'un réglement d'administration publique, contenant notamment un état des distances de port à port, déterminera le mode d'application de la ladite loi.

Le décret, qui a été signé le 17 de ce mois, vient d'être promulgué par son insertion au *Journal officiel* du 25 août. Vous le trouverez reproduit ci-après.

Les primes à la construction devant être liquidées par l'administration des finances, le déparᵗ ement de la Marine aura à s'occuper seulement de la liquidation des primes à la navigation et e n'ai, en ce qui me concerne, que quelques points à signaler particulièrement à votre attenion.

Les premiers paragraphes des articles 11 et 12 ne doivent pas être pris à la lettre au point de aire revenir en France un navire armé au cabotage que l'armateur voudrait expédier d'un ort étranger pour le long cours, de même qu'un bâtiment, originairement expédié pour ette dernière destination, dont le registre des traversées aurait été renvoyé en France, soit par uite de désarmement effectif aux colonies ou à l'étranger, soit pour toute autre cause, et qui iendrait ensuite à reprendre la navigation de long cours.

Dans les cas de l'espèce, il suffira que l'armateur fasse parvenir au lieu où se trouvera le bâtiment la déclaration d'armement et le registre des traversées conformes aux modèles ci-annèxés, u que, du moins, si la distance ou les circonstances y font obstacle, l'autorité consulaire prenne toutes les mesures propres à se rapprocher autant que possible de la lettre comme de l'esprit de la loi et du décret.

La composition de l'équipage devant, aux termes de l'article 11 (n° 10), être indiquée dans la déclaration de l'armateur, il convient de rappeler que la prime ne peut-être obtenue que par les navires dont les équipages sont composés comme le prescrit l'acte de navigation du 21 septembre 1793, ainsi que les décrets des 28 janvier 1857 et 21 septembre 1864 relatifs aux mécaniciens et chauffeurs. Toutefois, si des circonstances de force majeure venaient à réduire l'effectif de l'équipage sans qu'il fût possible de le compléter avec des marins français, le capitaine devrait se faire délivrer par l'autorité maritime ou consulaire un certificat attestant qu'il a été obligé d'embarquer des marins étrangers dans une proportion supérieure à la proportion légale.

D'après l'article 15 et le dernier paragraphe de l'article 29, ce serait de l'armateur que le Ministre devrait recevoir directement les pièces à produire par celui-ci pour l'obtention de la prime ; mais comme je tiens essentiellement, de mon côté, à recevoir des ports des liquidations provisoires conformes au modèle joint à la présente circulaire, il n'y aura pas d'inconvénient à ce que ces pièces soient remises localement au commissaire de l'inscription maritime, qui en donnera reçu et les comprendra au nombre de celles qu'il a lui-même à me faire parvenir.

Les commissaires se serviront pour l'établissement des liquidations provisoires du tableau des distances qui sera mis prochainement à leur disposition. Ils remarqueront que ce document, dans sa forme actuelle arrêtée par le Conseil d'État, présente des lacunes en ce qui concerne certaines traversées. Ces lacunes seront comblées dans l'édition définitive à laquelle travaille le Dépôt des cartes et plans et qui paraît devoir être terminée vers le mois de novembre prochain. Dès qu'elle aura paru, cette édition sera substituée à l'édition provisoire qui n'est publiée qu'en vue de rendre aussi prompte que possible l'application de la loi du 29 janvier. Lorsque, dans les liquidations qu'ils auront à établir, les commissaires de l'inscription maritime trouveront des traversées non comprises dans le tableau des distances, ils n'auront qu'à réserver ces parties des voyages, pour lesquelles les calculs nécessaires seront établis à Paris.

Enfin, vous remarquerez que l'article 35, concernant les formalités imposées transitoirement aux navires qui snt acquis la prime avant l'applicatiou du décret dn 17 août, prescrit au capitaine de produire son livre de bord. Il s'agit ici du registre dont il est question dans les articles 224 et 242 du Code de commerce, et qui doit avoir été visé dans chaque port d'arrivée par l'autorité compétente. Dans le cas où cette formalité n'aurait pas été remplie exactement, l'armateur devra fournir un extrait du rôle d'équipage mentionnant les différentes escales de sa navigation et les visas officiels auxquels elles ont donné lieu.

Vous trouverez à la suite de la présente circulaire les modèles de la déclaration d'armement, du registre des traversées dont les extraits font l'objet de l'article 13 du décret, ainsi qu'un modèle des liquidations provisoires à établir par les commissaires de l'inscription maritime.

Recevez, etc.

Le Ministre de la Marine et des Colonies,

Signé : CLOUÉ.

LOI

du 14 Juin 1854

Modifiant l'article 377 du **CODE DE COMMERCE**

relatif aux limites des Navigations au Cabotage et au Long-cours

---

ARTICLE UNIQUE. — L'art. 377 du Code de Commerce est modifié ainsi qu'il suit :

Sont réputés voyages de Long-cours ceux qui se font au-delà des limites ci-après déterminées :

Au Sud, le 30e degré de latitude Nord.

Au Nord, le 72e degré de latitude Nord.

A l'Ouest, le 15e degré de longitude du méridien de Paris.

A l'Est, le 44e degré de longitude de méridien de Paris.

Paris. — Imp. Cellarius, 22, rue de l'Hôtel-Colbert,

www.ingramcontent.com/pod-product-compliance
Lightning Source LLC
LaVergne TN
LVHW020436060726
842525LV00006B/2413